Questo è il Diario Fotografico di...

Ecco di cosa parleremo:

"Occasioni Speciali"

Partiamo dall'Inizio!

I miei genitori: La storia del loro Amore

Ecco la Mamma e il Papà, prima che nascessi.

La Mamma si chiama:

- - - - - - - - -

Il Papà si chiama:

- - - - - - - - -

Come si sono conosciuti e innamorati:

Una scintilla si accende: il primo segno della mia presenza!

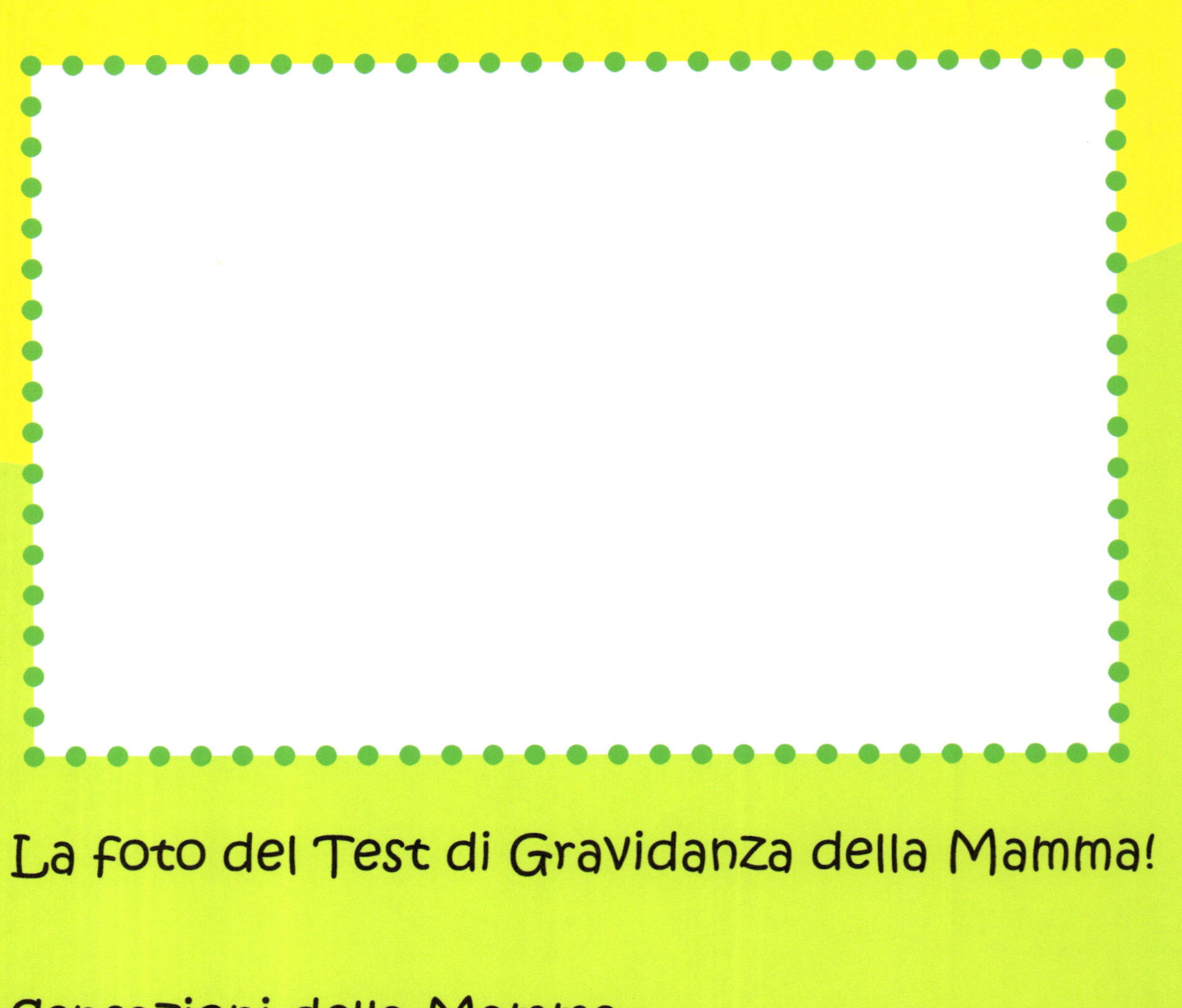

La foto del Test di Gravidanza della Mamma!

Le Sensazioni della Mamma – – – – – – – – –

– – – – – – – – – – – – – – – – – –

– – – – – – – – – – – – – – – – – –

– – – – – – – – – – – – – – – – – –

– – – – – – – – – – – – – – – – – –

Ecco le mie Ecografie: che emozione!

Qui sono alla:

_ _ _ _ _ Settimana

Data _ _ _ _ _ _ _

Aneddoti _ _ _ _

_ _ _ _ _ _ _ _

_ _ _ _ _ _ _ _

Qui sono alla:

_ _ _ _ _ Settimana

Data _ _ _ _ _ _

Aneddoti _ _ _ _

_ _ _ _ _ _

_ _ _ _ _ _

Note:

_ _ _ _ _ _ _ _ _

_ _ _ _ _ _ _ _ _

Il Pancione della Mamma

Ecco la Mamma col Pancione... Io ero li' dentro!

Foto scattata il: _ _ _ _ _ _ _ _ _ _ _ _ _ _ _ _ _ _ _

Dove? _ _ _ _ _ _ _ _ _ _ _ _ _ _ _ _ _ _ _

Note _

I primi movimenti nel Pancione _ _ _ _ _ _ _ _ _ _ _ _ _ _ _ _

Papà... e il Pancione della Mamma!

Aneddoti e Sensazioni della Mamma

I Preparativi

Ecco la mia cameretta prima che nascessi!

Le compere di Mamma e Papà: – – – – – – – – – –

– – – – – – – – – – – – – – –

– – – – – – – – – – – – – – –

– – – – – – – – – – – – – – –

– – – – – – – – – – – – – – –

– – – – – – – – – – – – – – –

Ed ecco la foto delle mie cosine...

Note e Sensazioni...

Gli Sgoccioli... Sto arrivando!

Una foto poco prima della mia nascita...

Avvisaglie e altre sensazioni: _ _ _ _ _ _ _ _ _

_ _ _ _ _ _ _ _ _ _ _

_ _ _ _ _ _ _ _ _ _ _

_ _ _ _ _ _ _ _ _ _ _

_ _ _ _ _ _ _ _ _ _ _

Il mio Tracciato...

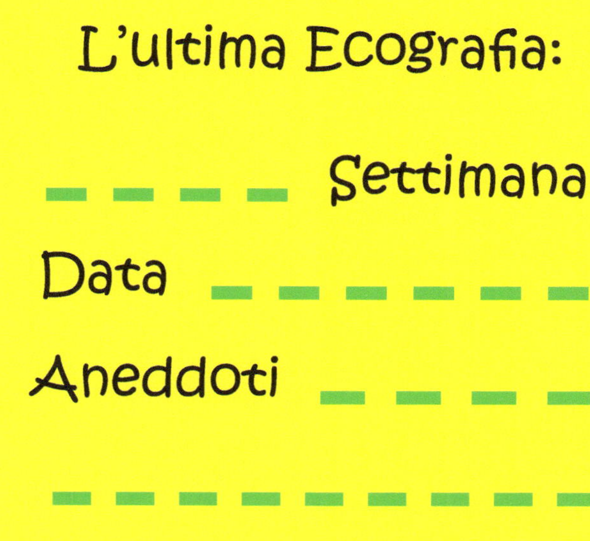

L'ultima Ecografia:

_ _ _ _ _ Settimana

Data _ _ _ _ _ _

Aneddoti _ _ _ _

_ _ _ _ _ _ _ _

Il Parto...

Parto Naturale o Cesareo?

Ecco il racconto della Mamma: - - - - - - - - -

- -

- -

- -

- -

- -

- -

Ecco il racconto del Papà: – – – – – – – – – – – – – –

Eccomi!

Scheda della mia Nascita

La mia prima foto!

Luogo, data e ora di nascita: _ _ _ _ _ _ _ _ _ _ _

Il mio Peso e la mia Lunghezza: _ _ _ _ _ _ _ _ _

La circonferenza della Testolina: _ _ _ _ _ _ _

Gruppo Sanguigno: _ _ _ _ _ _ _ _ _ _ _

Altre Informazioni: _ _ _ _ _ _ _ _ _ _ _

_ _ _ _ _ _ _ _ _ _ _ _ _ _ _

I Primi Giorni...

Le prime fotine con Mamma e Papà

Finalmente a Casa!

La prima foto a casa...

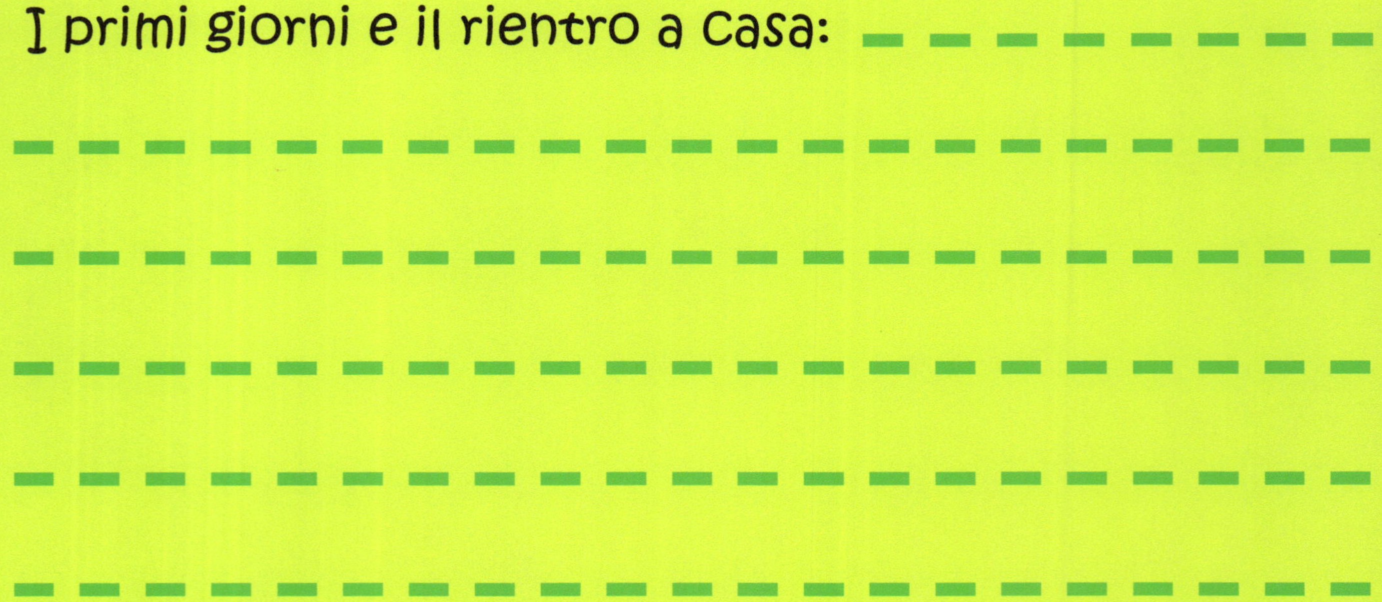

I primi giorni e il rientro a casa: _ _ _ _ _ _ _ _ _

_ _ _ _ _ _ _ _ _ _ _

_ _ _ _ _ _ _ _ _ _ _

_ _ _ _ _ _ _ _ _ _ _

_ _ _ _ _ _ _ _ _ _ _

_ _ _ _ _ _ _ _ _ _ _

Nella cameretta!

Il Lattuccio

Le mie prime poppate!

Nella culla e... La Nanna

Nel lettino... dormo tranquillamente!

Cambiamo il pannolino

Eccomi qua!

Il Bagnetto

La mia prima reazione all'acqua!

Le prime Visite Pediatriche

Qualche nota sul Pediatra e sulle visite

I Vaccini effettuati

Vaccini:　　　　Data:　　　　Reazioni (ad es. febbre, ecc.)

Prime uscite

La prima passeggiata fuori casa

I miei accessori

Ciuccio, pupazzetti preferiti e altro...

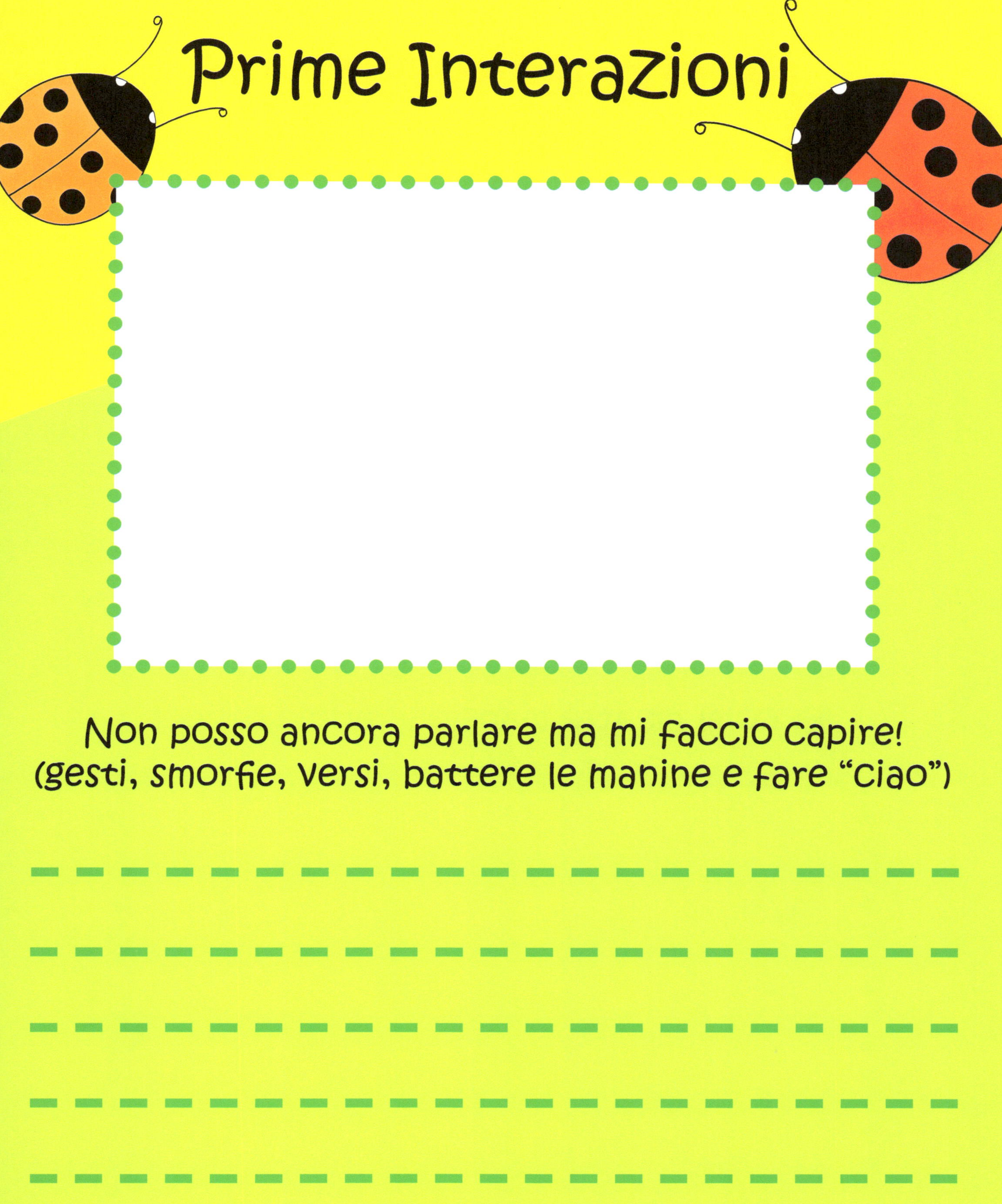

Non posso ancora parlare ma mi faccio capire!
(gesti, smorfie, versi, battere le manine e fare "ciao")

Prime Pappe

Eccomi mentre mangio le prime pappe!

Il mio Menù

La prima Pappa... (da 4/6 mesi a 8 mesi)

Nuovi sapori... (da 9 mesi a 12 mesi)

Ma che bontà... (da 1 anno in poi)

I miei Dentini

Il mio sorriso e l'ordine di comparsa dei dentini...

Denti superiori

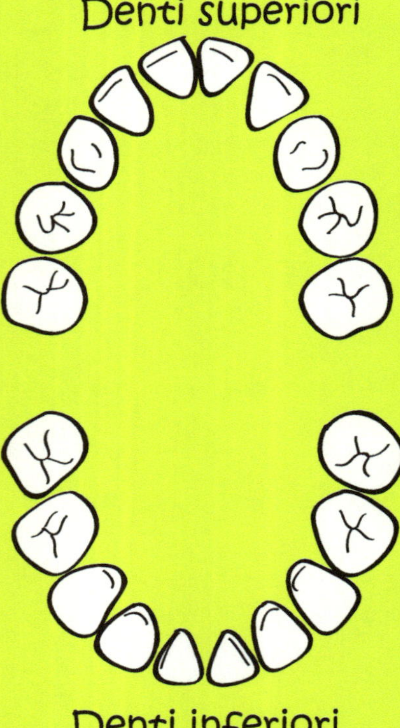

Denti inferiori

Note _ _ _ _ _ _ _

_ _ _ _ _ _ _ _

_ _ _ _ _ _ _ _

_ _ _ _ _ _ _ _

_ _ _ _ _ _ _ _

_ _ _ _ _ _ _ _

<u>Idea</u>: inserisci, vicino a ogni dentino, un numeretto per indicare il relativo ordine di comparsa!

Le prime Parole

Idea: inserisci, nel fumetto, le prime parole in ordine temporale, specificando anche le date!

37

I primi Passi

Io, mentre gattono o mi metto in piedi le prime volte

Diario dei primi Passi

Quando ho iniziato a gattonare e mettermi in piedi?

- -

- -

- -

- -

Quando ho iniziato a camminare con un appoggio?

- -

- -

- -

I primi Passi in libertà!

- -

- -

- -

Finalmente... Cammino!

La Musica preferita

Eccomi mentre ascolto la musica (o ballo)!
Ed ecco un elenco di musiche preferite:

I primi Giochi

Io e i miei giochini...

I miei Amici

I miei amici, cuginetti e conoscenti!

Il primo Inverno...

Come ho trascorso il mio primo Inverno

...e la prima Estate

Come ho trascorso la mia prima Estate

Aneddoti

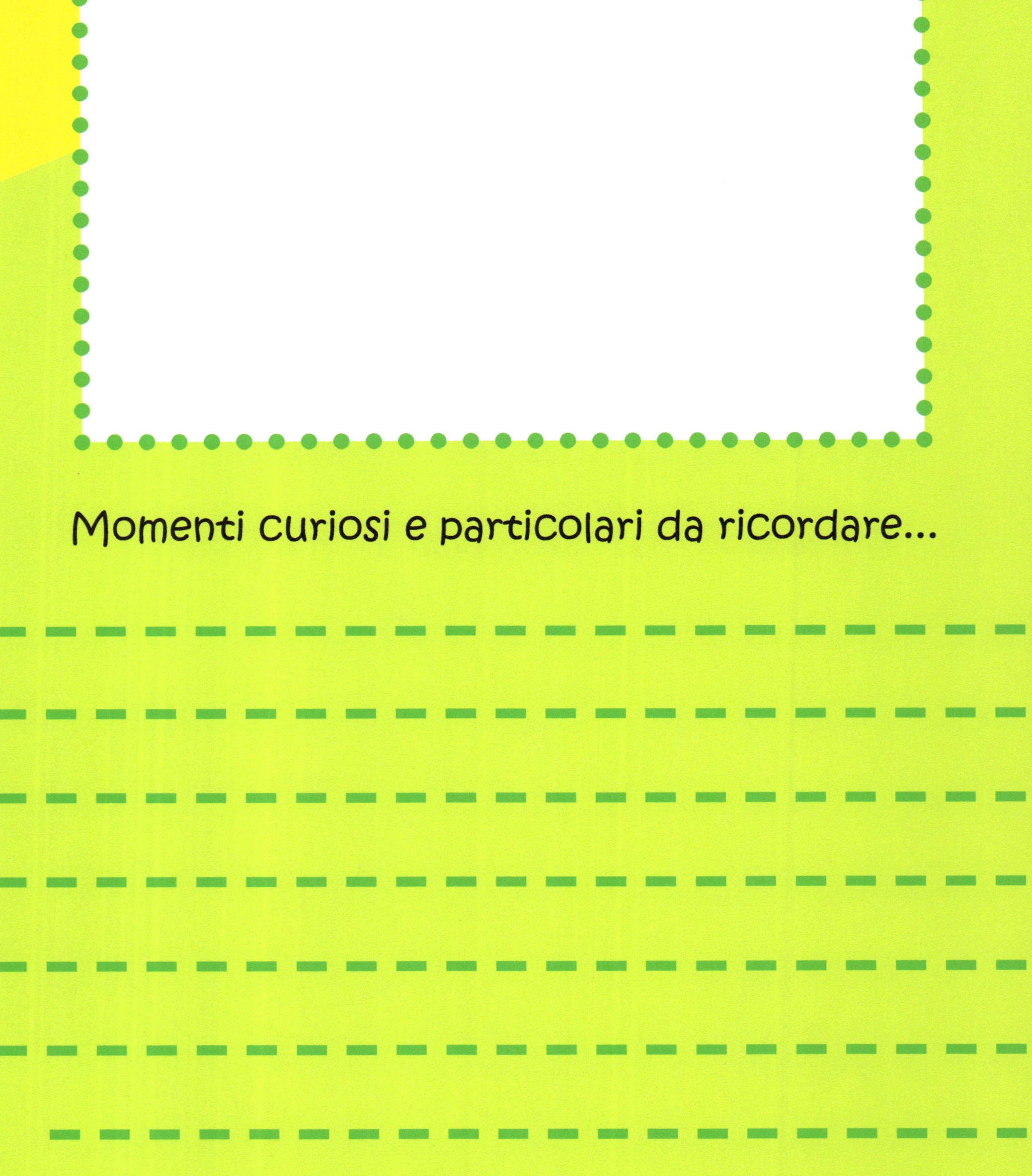

Momenti curiosi e particolari da ricordare...

Occasioni Speciali

Io e la Mamma

Ti voglio tanto bene Mamma!

Io e il Papà

Ti voglio tanto bene Papà!

La nostra Famiglia

Tutta la famiglia al completo!

Con Parenti e Amici

Qui sono assieme a: _ _ _ _ _ _ _ _ _

Con Parenti e Amici

Qui sono assieme a: _ _ _ _ _ _ _ _ _ _ _

Con Parenti e Amici

Qui sono assieme a: _ _ _ _ _ _ _ _ _ _

Le Bombonierine

Un pensierino per chi è venuto a trovarmi!

I primi Regalini

Ecco i doni ricevuti per la mia nascita!

Il mio Battesimo

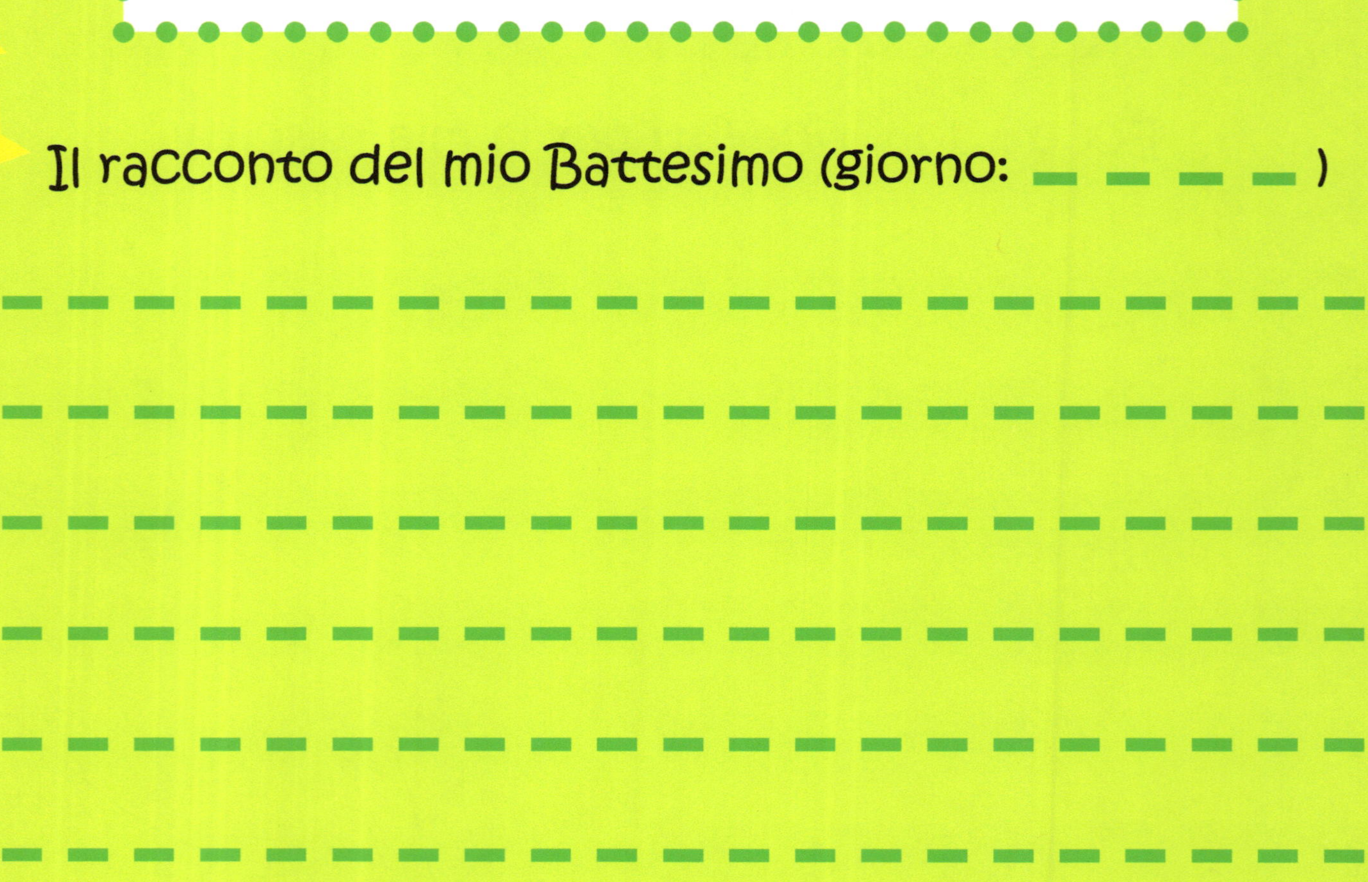

Il racconto del mio Battesimo (giorno: _ _ _ _)

Le Foto del Battesimo

Le Foto del Battesimo

Il primo Natale

Il racconto del mio primo Natale... (giorno: _ _ _)

59

Le Foto di Natale

Il primo Carnevale

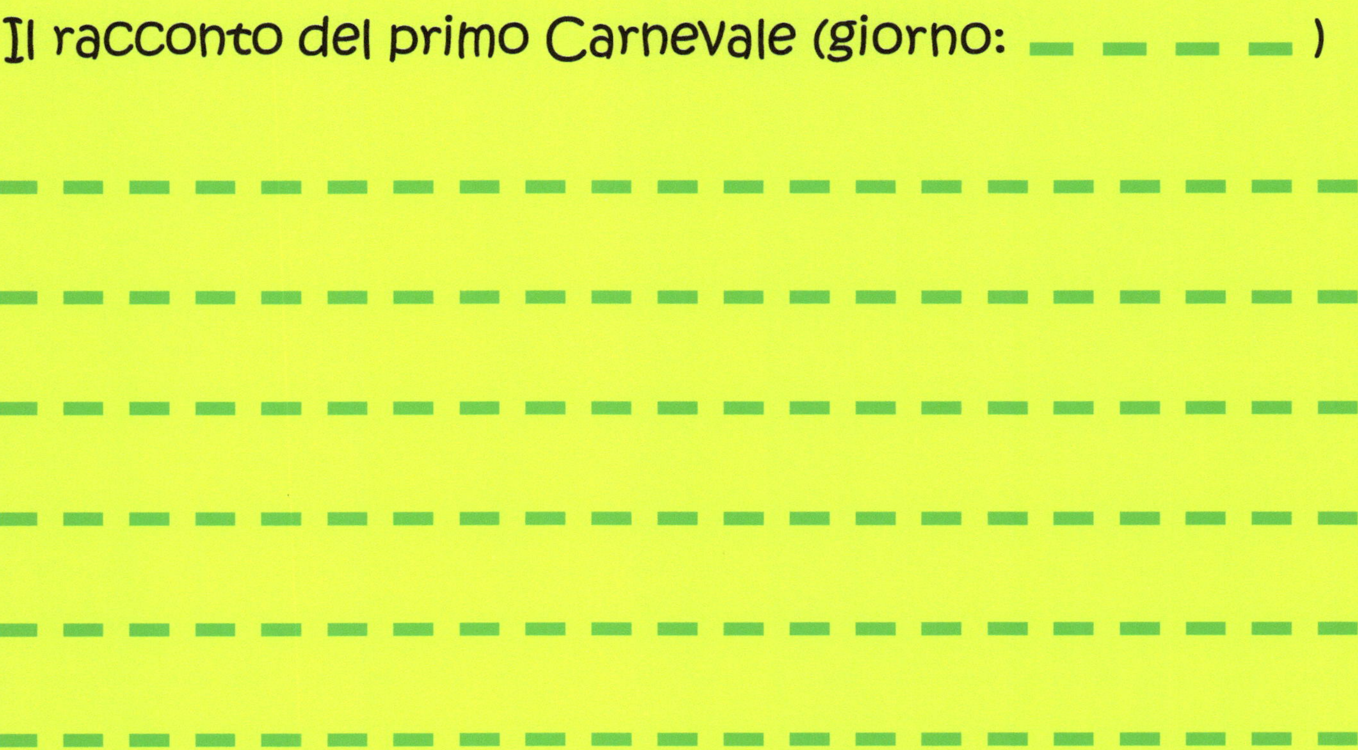

Il racconto del primo Carnevale (giorno: _ _ _ _)

La prima Pasqua

Il racconto della mia prima Pasqua (giorno: _ _ _)

Il primo Compleanno

Finalmente ho compiuto 1 anno! (giorno: ___ ___ ___)

Le Foto del Compleanno

Le Foto del Compleanno

Foto Speciali (12-18 mesi)

Foto Speciali (18-24 mesi)

Foto Speciali (18-24 mesi)

Foto Speciali (2 anni!)

Foto Speciali (3 anni!)

Foto Speciali (3 anni!)

Foto Speciali (4 anni!)

Foto Speciali (4 anni!)

Foto Speciali (5 anni!)

Foto Speciali (5 anni!)

Due righe da Mamma

Un pensiero per te...

Due righe da Papà

...con tutto il nostro affetto!

"Il Diario Fotografico di...
Dalla gravidanza al quinto anno,
per crescere insieme passo dopo passo"

Versione Unisex (Verde)

Copyright © 2019 Mamma Creativa

Opera pubblicata e distribuita da: **& MyBook**
un marchio di **Caravaggio Editore**
66054 Vasto (CH)- Italy
www.andmybook.it
info@andmybook.it

Collana Editoriale *Mamma Creativa* - Volume 3
Prima Edizione Aprile 2019

ISBN 9788865601730

www.mammaCreativa.eu

Materiale da scaricare gratuitamente, fiabe, musica e tanto altro ancora!